L'Article 8

ET

LES AFFAIRES

Dans leurs Exigences en matière

DE

COMPTABILITÉ

PROJET DE RÉFORME DES ARTICLES 8, 10 & 12

du Code de Commerce

PAR

J. CLAUDEL

CHEF DE COMPTABILITÉ COMMERCIALE
PROFESSEUR A L'ASSOCIATION POLYTECHNIQUE

Mémoire couronné par la Société académique de Comptabilité (66, rue de Rivoli)
au Concours de Juin–Août 1890

PRIX : UN FRANC

PARIS

LIBRAIRIE GUILLAUMIN ET Cⁱᵉ

14, RUE RICHELIEU

1890

L'Article 8

ET

LES AFFAIRES

Dans leurs Exigences en matière

DE

COMPTABILITÉ

PROJET DE RÉFORME DES ARTICLES 8, 10 & 12

du Code de Commerce

PAR

J. CLAUDEL

CHEF DE COMPTABILITÉ COMMERCIALE
PROFESSEUR A L'ASSOCIATION POLYTECHNIQUE

Mémoire couronné par la Société académique de Comptabilité (66, rue de Rivoli)
au Concours de Juin-Août 1890

PRIX : UN FRANC

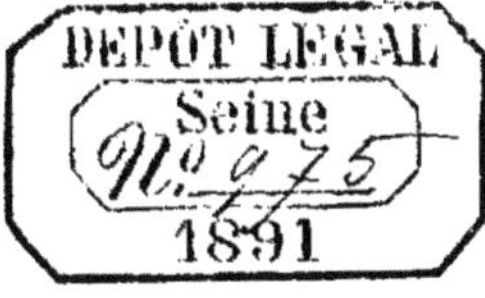

PARIS

LIBRAIRIE GUILLAUMIN ET Cie

14, RUE RICHELIEU

1890

A Monsieur GLASSON

MEMBRE DE L'INSTITUT

PROFESSEUR A L'ÉCOLE DE DROIT

Monsieur,

Ainsi que tout lecteur en pourra juger, cette dédicace qui vous est offerte est une simple restitution, mais elle ne saurait en aucune manière libérer envers vous le patricien qui, grâce à votre œuvre, a pu faire ce petit travail et mériter le prix de la Société académique de Comptabilité.

En voulant bien l'accepter, vous ajouterez donc un nouveau titre à la reconnaissance de votre respectueusement dévoué,

CLAUDEL

Paris, le 28 Octobre 1890.

Paris, le 2 Novembre 1890.

MONSIEUR,

En rentrant à Paris je trouve sur mon bureau votre intéressant article. Je tiens à vous remercier tout de suite de votre aimable envoi et des citations que votre travail contient. Sur le fond de la question, je suis tout à fait de votre avis, et il faut bien espérer qu'on finira par aboutir à une réforme législative.

Veuillez agréer, Monsieur, l'expression de mes meilleurs sentiments.

GLASSON

TABLE DES MATIÈRES

SOCIÉTÉ ACADÉMIQUE DE COMPTABILITÉ

CONCOURS OUVERT PAR LA SECTION LYONNAISE

Sur une interprétation possible ou bien la modification de l'article 8
du Code de Commerce.

I

Le principe comptable du droit dans le titre II

DURA LEX

Dure loi, en effet, et même plus que dure, car les termes en
sont trop précis pour permettre l'hésitation. Il y a bien réellement
incompatibilité entre les prescriptions de l'article 8 et les besoins
actuels du commerce et de l'industrie en matière de comptabilité ;
les mots *un Livre Journal* ne peuvent s'entendre que d'un registre
unique.

Il est vrai qu'en apparence on peut concilier les dispositions
trop étroites du Code avec les nécessités du travail divisé dans les
livres auxiliaires spéciaux, et cela, comme on sait, en reportant
chaque soir au journal, avec les noms des comptes, les sommes
sans détail de toutes les opérations qui y figurent. C'est ce qu'ont
commencé à faire, il y a quelque quarante ans, les comptables de
la rue du Sentier.

Mais, outre qu'en opérant ainsi, on ne faisait que tourner la
loi par une application insuffisante et quelque peu hypocrite de
ses prescriptions, on s'astreignait encore à un travail assez long
qui ne répondait à rien de pratique ni de scientifique. Chose plus
grave, ce travail de copiste, inutile en lui-même, augmentait les
chances d'erreurs. Cette dernière considération, s'ajoutant aux
autres, fit abandonner un mode d'opérer qui n'était, au fond,
qu'un expédient.

Mais, en supprimant cette cause d'erreur matérielle, on en commit réellement une d'un autre genre, qui, si elle se perpétuait, ne tendrait à rien moins qu'à rendre la question insoluble. Devant les difficultés qu'on avait rencontrées en voulant tourner la loi, on chercha à l'interpréter dans un sens favorable aux nouvelles nécessités du travail, ce qui était assez naturel; mais on le fit sans s'inquiéter suffisamment des principes. Se basant sur ce que l'on reporte directement aux comptes avant de les passer au journal les écritures des livres auxiliaires, on se prit à considérer ceux-ci comme de véritables journaux.

Tout le monde, sans exception, leur donne aujourd'hui le nom de journaux spéciaux, et c'est sans étonnement qu'on trouve l'expression jusque dans l'exposé de la question mise au concours.

En raisonnant ainsi, on a d'abord oublié de remarquer que si, dans une comptabilité tenue en partie double, on peut reporter directement aux comptes les écritures en partie simple des livres auxiliaires spéciaux, c'est à la condition expresse que ces comptes n'intéresseront pas la partie double, c'est-à-dire qu'ils ne seront pas des comptes généraux de valeur, comportant eux-mêmes des livres auxiliaires.

Ensuite, on n'a pas pris garde non plus que, si le législateur de 1807 a prescrit le seul journal parmi les livres dont se compose une comptabilité, c'est parce qu'il l'a considéré, avec raison, comme étant, dans son *unité*, le pivot sur lequel roule tout le système, comme étant, en un mot, *le centre des écritures*. On ne s'est pas douté un seul instant que la pluralité des journaux, si elle se trouvait inscrite dans la loi, détruirait cette unité nécessaire et, avec elle, le principe comptable qui est toute la raison d'être de l'article 8 et d'une grande partie du titre II.

Pour étonnante qu'elle paraisse à première vue, cette doctrine n'en est pas moins corroborée par les données techniques les plus élémentaires; on ne peut pas nier que, par sa forme essentiellement simple, l'article d'un livre auxiliaire, une vente, par exemple, ne constitue, en réalité, qu'une demi-écriture, laquelle, pour devenir complète, doit être passée au journal. Ce n'est donc qu'un demi-article, dont la terminaison nécessaire devra se faire, mais qui ne pourra s'opérer qu'en dehors du registre où le commencement est consigné.

Or, il existe un terme technique très usuel pour désigner le registre des commencements d'écritures, c'est *Main courante*, et, fort heureusement, celui-ci ne peut pas être, comme le journal, soumis au principe juridique de l'unité.

Entre la Main courante et le Journal, il ne peut exister d'autre rapport que celui de cause à effet.

Si, après cela, on veut bien se donner la peine d'analyser les termes que la pluralité des journaux a nécessités, l'erreur qu'on a commise deviendra encore plus manifeste.

Lorsque, pour les besoins de la cause, comme on dit au Palais, on s'est laissé aller à appeler journal ce qui n'est qu'une main courante, on a dû y accoler l'adjectif spécial; puis, pour distinguer le Journal proprement dit, on a appelé celui-ci *journal centralisateur*. Or, ces deux derniers mots réunis constituent un véritable pléonasme, car le journal étant, comme il vient d'être dit, *le centre des écritures,* est, par cela même aussi, et nécessairement, le centralisateur de ces écritures. En conséquence, un livre qui, comme la main courante, ne centralise pas, ne mérite pas, légalement parlant, le nom de journal. C'est, en effet, seulement par trope ou métonymie qu'on a pu le lui donner dans la pratique, et il ne suffit pas qu'une figure de rhétorique soit employée dans le langage usuel pour qu'elle puisse prendre place dans le texte de la loi.

Comment expliquer cette particularité que, devant les tribunaux où il est produit, la cote et le paragraphe de ce registre ne sont pas exigés, si ce n'est parce que le caractère de journal lui est refusé par le juge?

II

Le principe commercial du Code.

Si l'on n'aperçoit qu'avec peine le principe comptable auquel a obéi le législateur lorsqu'il a édicté l'article 8, le principe commercial qui domine tout le Code, et qui, dans le titre II, se combine avec l'autre est encore plus difficile à dégager ; on peut compulser dans l'édition de 1811 l'exposé des motifs, le rapport et les discours qui ont précédé le vote du titre, sans en trouver un indice suffisant. Il faut parcourir tous les documents qui touchent à l'ensemble du Code pour trouver dans le discours de Delpierre au Tribunat, à propos de la juridiction commerciale, la phrase suivante, qui met enfin sur la voie :

« C'est une incontestable *maxime*, disait-il le 14 Septembre « 1807, qu'une grande liberté d'action et surtout une profonde « sécurité sont nécessaires au développement et aux succès du « commerce. »

Si l'on remplace le mot *maxime*, qui est une expression vieillie et insuffisante, par celui de *vérité*, qui est bien le mot propre, on doit reconnaître que l'affirmation est d'une exactitude telle qu'il est permis de la considérer comme un principe absolu.

Au moment de proposer une juridiction spéciale au commerce, il était sans doute nécessaire de remonter au principe pour mieux faire ressortir la raison qui exigeait la simplification des formalités, la suppression du ministère public, un mode différent de nomination des juges, etc. Mais, s'il peut justifier les différences assez sensibles qui caractérisent la juridiction commerciale comparée au Code de procédure civile, lequel est qualifié de droit pratique par M. Glasson, le principe est non moins applicable à la partie théorique du droit commercial dont fait partie l'article 8 avec le titre II.

Lorsqu'on veut bien l'examiner de près, une chose frappe tout d'abord l'observateur, c'est que la sécurité pour le commerce ne peut s'obtenir qu'au détriment de la liberté d'action de celui-ci. Ainsi précisément pour l'article 8 en question, le journal unique imposé par la loi a bien pour but d'assurer la sécurité des opérations faites et de permettre au commerçant d'affirmer sa bonne foi en cas de contestation ultérieure ou de faillite, mais il a aussi et surtout pour conséquence de restreindre en proportion sa liberté, et le concours ouvert par la section lyonnaise de notre Société académique fait assez voir de quel poids la restriction pèse aujourd'hui sur les affaires.

Il y a donc une opposition réelle et directe entre les besoins primordiaux du commerce.

Étant irréductible, parce qu'elle est naturelle, cette opposition exige un équilibre parfait.

A son tour, l'équilibre devient un principe qui résume le premier et qui permet de déterminer la condition essentielle que doit avant tout remplir la loi commerciale pour qu'elle soit rationnelle.

Toute prescription légale doit procurer aux affaires une sécurité réelle et effective, sans quoi, détruisant l'équilibre, elle irait directement contre le principe juridique du droit commercial.

Or, d'une façon générale, on peut affirmer que les écritures des mains courantes spéciales, bien qu'incomplètes au point de vue technique, n'en présentent pas moins la même sécurité juridique que lorsqu'elles ont été transcrites au journal. Le fait qu'en justice la main courante est demandée pour la justification d'une écriture du journal en est une preuve suffisante.

En imposant tacitement la transcription détaillée de ces écritures, l'article 8 n'apporte aucun surcroît effectif de sécurité au commerce, et comme il rend les écritures régulières à peu près impossibles, l'entrave qu'il apporte ainsi gratuitement aux affaires suffit pour démontrer juridiquement la nécessité d'une réforme qui est réclamée si unanimement et depuis si longtemps par la pratique.

La question semble donc résolue ; mais, d'autre part, comme on l'a vu tout à l'heure, on ne pourrait pas, pour y remédier, inscrire dans la loi la pluralité des journaux sans détruire du même coup le principe d'unité qui a inspiré au législateur la rédaction de l'article 8, et qui avait également inspiré Colbert dans l'ordonnance de 1673.

Cette conséquence inattendue d'une solution qui est dans l'esprit de tous les praticiens doit conseiller la prudence.

Avant de chercher à formuler la modification à opérer, pour le faire en connaissance de cause et d'une façon rationnelle, il importe de connaître l'opinion des juristes de nos jours, car ils seront appelés à donner leur avis et même à juger la valeur du projet qu'il s'agit de soumettre au législateur. Il est bon de savoir ce qu'ils pensent de la loi commerciale en général et aussi comment se comporte l'article 8 devant les tribunaux. Il est non moins utile d'avoir une idée au moins sommaire des rapports de principes qui existent entre le droit commercial et le droit civil, autrement on s'exposerait à blesser des principes que la loi commerciale ne peut pas se dispenser de respecter; de même que l'on pourrait omettre de faire rendre à la loi toute la sécurité qu'elle peut légitimement donner.

———

III

Le Code de Commerce et le Code Civil.
L'article 8 et l'article 13 devant les tribunaux.
Le principe civil de la liberté commerciale.

Dans la classification qu'il établit des différentes parties du droit, M. Glasson, déjà cité, dont l'opinion fait autorité, considère le Code de commerce comme un droit exceptionnel; il n'est en effet qu'un appendice du Code civil et ne porte que sur les points où l'application des lois communes aurait entravé, sans utilité pour elles, les affaires commerciales.

Lorsqu'il veut l'apprécier, il s'exprime ainsi :

« Après soixante ans, il n'est plus à la hauteur des besoins
« actuels, mais qu'on n'exagère pas cet inconvénient. On recon-
« naît, en matière commerciale, aux usages la même force qu'à
« la loi. Cette grave dérogation au droit commun suivant lequel
« *l'usage ne peut ni faire ni abroger la loi,* nous montre combien
« le législateur a compris les besoins du commerce; le commerce
« fait lui-même ses lois, au moyen de ses usages. Avec ce système,
« le meilleur de tous pour le commerce, il n'est pas nécessaire
« qu'un Code se compose d'un grand nombre de dispositions,
« et ses lacunes ne mettent jamais dans l'embarras, puisqu'elles
« sont comblées par l'usage. (*En note :* L'usage se constate par
« les parères. On appelle ainsi les avis donnés par les commer-
« çants pour l'attester.)

« Dans un Code de commerce, fut-il dit au Conseil d'État,
« continue l'éminent professeur de l'École de droit, il convient
« aussi d'éviter les règles trop précises ; sans cette précaution,
« la loi manquerait souvent son effet ; on abuserait, dans l'usage,
« de la doctrine que le Code aurait établie. Les véritables règles
« du commerce sont celles de la bonne foi et de l'équité ; il faut
« bien se garder de les affaiblir pas des règles trop positives qui,
« dans beaucoup de circonstances, en gênent l'application. L'essen-
« tiel, dans cette espèce de lois, est de poser *des principes féconds*
« *en conséquences et qui,* dans l'exécution, *ne résistent jamais à*
« *l'équité.* » *Droit Français,* 2° volume, page 5.)

Ces lignes sont fort instructives, elles en disent plus long que
bien des pages et même des volumes que l'on pourrait lire.

Si l'on compare le dernier mot de la citation *équité* avec l'é-
quilibre des besoins, on peut voir que les deux mots expriment
la même idée. En effet, lorsque, dans une disposition de la loi, on
rompt l'équilibre des besoins du commerce, en imposant une
entrave à sa liberté d'action sans lui apporter une sécurité corres-
pondante, on blesse par cela même l'équité, et c'est, comme on
l'a vu tout à l'heure, ce que fait l'article 8 par sa rédaction
incomplète plutôt que défectueuse.

Autre remarque : par le danger qu'il tenait à signaler, on voit
également, d'après la citation, combien le Conseil d'État avait le
sentiment du principe mis en lumière au Tribunat et qui domine
le droit commercial. Il croyait bien certainement être resté dans
les limites du plus strict minimum en ne prescrivant qu'un seul
des livres dont se compose une comptabilité commerciale. Et
cependant, depuis un demi-siècle, ce soi-disant minimum paralyse le travail et les affaires commerciales ; l'abus que le Conseil
d'État pensait avoir écarté existe réellement.

Avant d'aller plus loin, il faut rappeler que la question mise
au concours n'affecte que l'application des articles 12 et 13, lesquels constituent, au point de vue des affaires courantes, les
seules conséquences usuelles de l'article 8. D'ailleurs, on ne
pourrait pas rationnellement faire un rapprochement avec le
paragraphe 4 de l'article 587 qui punissait de la banqueroute
simple le failli dont la comptabilité n'aurait pas été tronvée régu-

liére et qui est tombé en désuétude ; l'assimilation manquerait de logique non seulement à cause de la disproportion de la peine, mais aussi et surtout parce que cette peine s'appliquait à *un homme qui n'était plus commerçant* et qu'elle devait être prononcée par *le Tribunal de police correctionnel*, lequel *n'a rien de commercial.*

La question se trouvant ainsi parfaitement circonscrite, on constate, toujours d'après la citation, que la force et l'autorité de l'usage en matière de droit commercial expliquent suffisamment la tentative d'interprétation qui a été faite de l'article 8 et qu'elles la justifient en quelque sorte malgré l'erreur juridique qui en est résultée.

On peut même se demander comment il se fait que la seule partie de la loi commerciale qui concerne la comptabilité ne puisse pas, comme les autres, se réformer par les parères.

A cela il y a plusieurs causes qu'il convient, d'examiner avec soin, si l'on veut se rendre un compte exact de la situation qui est faite au commerce par la loi, et si l'on veut trouver le meilleur moyen d'y remédier.

Il faut remarquer en premier lieu que la justice commerciale ne se compose pas à tous les degrés de juges consulaires, la cour d'appel est d'ordre purement civil, elle domine le tribunal de commerce comme elle est dominée à son tour par la cour de cassation qui est de même ordre. De plus, dans les villes où un tribunal consulaire n'est pas commercialement organisé, on sait que c'est le tribunal de première instance, également d'ordre civil, qui connaît des litiges commerciaux.

Or, si les juges consulaires s'inspirent de l'usage, de la bonne foi et de l'équité, comme le fait remarquer M. Glasson, les juges civils, au contraire, doivent appliquer la loi sans se permettre de l'apprécier, à moins qu'il n'y ait obscurité dans le texte, ce qui n'est pas le cas pour l'article 8.

Dans ces conditions, le magistrat civil, jugeant au commercial, peut bien sans autre inconvénient, se plier à la procédure simplifiée de la juridiction consulaire ; mais il ne faut pas espérer qu'il pourra, avec autant de facilité, se dépouiller de sa doctrine d'ordre civil, d'après laquelle *l'usage ne peut ni faire ni abroger la loi*, et abandonner une manière de voir qui, en somme, constitue, pour la magistrature en général, un devoir professionnel.

Dura lex, sed lex, répondra toujours le juge civil de première instance aux objections qui lui seront faites sur l'article 8,

Et si parfois il était tenté de l'oublier, la cour d'appel, et, après elle, la cour de cassation pourrait au besoin le lui rappeler.

Une autre cause, qui fait conserver aux dispositions surannées de l'article 8 un effet abusif, tient à la nature de la sanction que le législateur y a attachée ; cette sanction, bien différente de celle de l'article 587, consiste dans un privilège que confère l'article 12 et que retire l'article 13 ; de plus, l'appréciation de la déchéance éventuelle du privilège est soumise non seulemeut au tribunal, mais aux arbitres, qui sont des avocats, et aux experts qui, eux malheureusement, ne sont pas toujours des praticiens.

D'ailleurs, même lorsqu'il est un praticien, par la seule influence de sa fonction officielle d'expert près un tribunal, celui-ci aura toujours une tendance toute naturelle à s'inspirer le plus possible de l'application stricte de la loi.

On sait que l'article 13 se borne à dire que les comptabilités irrégulières *ne pourront être représentées, ni faire la preuve en justice au profit de ceux qui les auront tenues.* D'un autre côté, malgré la précision des termes, l'article 12 (qui confère ce privilège aux comptabilités régulières, d'être admises à faire foi en justice), n'a rien d'absolu dans ses effets. Le juge a toujours la faculté et même le devoir de s'entourer de tous les renseignements qui peuvent éclairer sa religion : les livres auxiliaires et les pièces comptables ou justificatives seront d'un aussi grand poids que le journal dans un différend commercial présentant de l'obscurité, ce qui est le propre de presque tous les différends. Si ces pièces manquent ou sont refusées, le commerçant qui devait les fournir et qui ne l'aura pas fait n'en sera pas moins répréhensible et sa cause en recevra nécessairement le contre-coup, même si son journal respecte absolument les prescriptions de l'article 8. Si au contraire il s'en écarte tant soit peu, l'application de l'article 13 tranchant définitivement le différend, mettra le juge hors d'embarras. Mais avant que celui-ci ait statué, l'expert, dans ce cas, aura déjà pu, par son appréciation défavorable, rendre toute action judiciaire impossible. C'est exactement ce qui est arrivé à notre estimé confrère M. E. Pollet de Lille et qu'il a raconté dans la *Revue de Comptabilité* du 10 Avril 1887.

On se rappelle qu'un commerçant M. X, ayant, sur l'avis de notre intelligent confrère, organisé sa comptabilité sur la base des livres dits improprement journaux spéciaux à reports en bloc et du journal dit *centralisateur*, un expert la déclara irrégulière, que son avis fut partagé par un avocat éminent du Barreau de Lille, et que, pour ce motif, celui-ci refusa de plaider une cause (qu'autrement, disait-il, il eût été sûr de gagner) contre un débiteur récalcitrant de M. X. Comme ce débiteur n'avait pas du tout de comptabilité, on pourrait en tirer cette conclusion bizarre. que pour un commerçant, il est judiciairement préférable de ne pas avoir de comptabilité que d'en avoir une, si bien tenue fût-elle, qui ne serait pas absolument conforme aux dispositions de l'article 8.

En résumé, on voit que les parères n'ont d'action que sur la jurisprudence du Tribunal de commerce et que celui-ci ne juge en dernier ressort que pour les petites sommes. Lorsque l'objet d'un litige commercial dépasse le chiffre de quinze cents francs, la sentence ne peut, en effet, être rendue qu'à charge d'appel et celle de l'appel peut être déférée à la Cour de cassation. Devant ces deux tribunaux supérieurs, c'est la Loi seule qui doit être appliquée, et elle ne peut (qu'on ne l'oublie pas) être abrogée par l'usage.

Si l'on s'étonnait de la subordination du Tribunal de commerce aux Tribunaux civils d'appel et de cassation, c'est encore à M. Glasson qu'il faudrait recourir pour en connaître la cause. L'éminent auteur enseigne que le droit commercial est, comme il a déjà été dit, un droit exceptionnel et qu'*il relève de l'économique*, tandis que le droit civil est un droit commun parce qu'il découle du droit naturel et qu'*il relève de la morale*, et qu'enfin la morale a le pas sur l'économique.

Il faut ajouter que c'est dans le droit civil que la liberté du commerce prend sa source; en voici *grosso modo* la base :

Bien que relevant de la morale par le droit naturel, le droit positif civil ne peut pas embrasser toute la morale ; la conscience de l'homme lui échappe absolument ; il n'a ainsi d'action que sur les actes extérieurs de celui-ci. L'objet principal, sinon exclusif, du droit civil est de garantir, contre toute atteinte extérieure, l'inviolabilité de la personne et, comme corollaire, l'inviolabilité de sa conscience, de ses biens et de son domicile.

Seulement, en droit, il n'y a pas que des personnes physiques, il y a aussi des personnes civiles ou commerciales, c'est-à-dire des êtres moraux auxquels la loi doit reconnaître le même droit à l'inviolabilité. Telles sont, pour ne citer que ceux-là, l'État, la famille et les sociétés commerciales.

C'est à la faveur de ces éléments essentiels de droit commun que l'administration intérieure d'une maison de commerce est assimilée, non seulement au domicile du citoyen, mais aussi à sa conscience, même en cas de société, et c'est l'inviolabilité qui en découle naturellement pour elle qui assure le secret nécessaire aux affaires.

Ensuite, comme ce sont des considérations d'ordre purement économique qui gouvernent souverainement dans l'administration des maisons de commerce, de même que dans les échanges que celles-ci font entre elles, le caractère moral des principes du droit naturel devenait inapplicable aux affaires courantes du commerce qui, s'appuyant, comme on l'a vu, sur l'usage attesté par les parères, se trouve seulement et exclusivement dominé par la bonne foi et l'équité en guise du droit naturel.

Avec des principes aussi bien établis, aussi certains, les droits juridiques de la maison de commerce, même lorsque le chef est un être moral, acquièrent une grande force ; on comprend que le besoin de sécurité qu'éprouve le commerce, et qui lui fait abandonner une partie de sa liberté d'action pour ce qui regarde les relations extérieures, ne puisse pas aller jusqu'à porter atteinte à l'inviolabilité de la personne commerciale.

Aucune prescription légale, qui empiéterait sur son administration intérieure, ne pourrait être observée dans la pratique, et l'on ne trouverait peut-être pas un tribunal régulier, fût-il d'ordre civil, qui assumât sur lui d'en sanctionner l'exécution. C'est, sans doute, pourquoi la partie double, qui a pour résultat la création des comptes de valeurs personnifiées, lesquels ne concernent que l'entreprise, n'est pas imposée par la Loi.

C'est aussi pourquoi l'obligation du visa annuel qui se distingue de la cote et du paraphe préalables n'est pas remplie, bien qu'elle soit imposée par l'article 10. Étant contraire aux principes du droit commun, cette disposition légale est radicalement frappée d'impuissance; elle est en effet tombée en désuétude et ne peut gêner personne.

Pour l'article 8, c'est bien différent, il n'est, par sa rédaction insuffisante, contraire qu'au principe de la division du travail, principe qui est d'ordre économique et qui ne figure nulle part dans la loi.

En outre, le privilège que l'article 12 attache à l'observation de l'article 8 constitue une grave dérogation au droit commun, d'après lequel (art. 1330) les écritures commerciales d'une personne ne peuvent, en justice, faire preuve que contre celle-ci, jamais pour elle. Il en résulte que, loin d'être considérée par le juge civil comme une peine, la disposition de l'article 13 détruisant le privilège constitue au contraire à ses yeux un simple retour au droit commun, lequel, il ne faut pas l'oublier, est supérieur au droit commercial. En résumé, autant ses principes juridiques poussent le juge à appliquer strictement l'article 13, en ce qui concerne la disposition de l'article 8, autant ils le paralysent lorsqu'il s'agit du visa annuel de l'article 10.

Quant au commerçant (chef de maison), il n'a pas à distinguer entre les principes économiques et les principes de droit commun. En tant que commerçant, il est avant tout soumis aux premiers; il n'a jamais, que l'on sache, rempli les formalités du visa annuel, parce que ces formalités auraient compromis le secret de ses affaires. De même que, si cela lui est possible, il ne se conforme plus rigoureusement aux prescriptions de l'article 8, depuis que la mise en pratique de la division du travail est venue s'y opposer.

Lorsqu'il en a le choix, il préfère renoncer éventuellement aux bénéfices aléatoires de l'article 12, plutôt que d'astreindre son personnel à un travail inutile, coûteux, embarrassant; ce faisant, il reste strictement dans les limites de la bonne foi et de l'équité, qui constituent son droit naturel, et même, jusqu'à un certain point, sa morale commerciale.

Si l'usage ne lui interdisait pas les langues mortes, il pourrait, en s'appuyant sur un autre aphorisme de droit, retourner avec avantage le proverbe latin qui lui est opposé et de : *Summum jus summa injuria*, déduire logiquement pour sa comptabilité : *Si dura lex non lex;* mais sans le dire, il lui suffit de le penser pour qu'il se sente autorisé à agir en conséquence.

Lorsqu'au contraire, par scrupule juridique ou en raison de la nature de ses affaires, ou bien encore par suite de la constitution statutaire de l'entreprise, il se trouve obligé d'observer la loi plus rigoureusement qu'il ne le voudrait, il se sert de l'expédient signalé en commençant, ou bien il prend un calligraphe à l'année, suffisamment au courant du doit et de l'avoir, pour rédiger son journal, lequel devient alors comme la cinquième roue d'une voiture, à moins qu'il ne paralyse le travail de report aux grands livres, pour peu qu'on veuille, dans ce cas, lui conserver sa fonction de centre des écritures.

IV

L'analyse et la synthèse des écritures dans leur rapport avec le principe d'unité comptable de l'article 8.

Le terrain de la discussion se trouve maintenant déblayé; la question se simplifie, se précise : si, par exemple, on se base uniquement sur le principe de l'équilibre des besoins du commerce et que, faisant application de l'adage connu : *La lettre tue et l'esprit vivifie,* on veuille soutenir la thèse de la pluralité des journaux comme étant conforme à l'esprit de la Loi, laquelle, alors, n'aurait pas besoin d'être modifiée, on obtiendrait, sans doute, gain de cause devant le Tribunal de commerce, ce qui arrive, en effet, pour les petits litiges, mais pour les autres, et en cas d'appel, on viendrait inévitablement se heurter à la doctrine juridique des magistrats civils, et la question resterait toujours pendante, comme elle l'est depuis des années.

Qu'au contraire, on essaie de faire sanctionner par la loi cette pluralité des journaux, le principe comptable disparaît, le titre II tout entier est remis en question.

Sans compter que le but serait ainsi dépassé et que le législateur pourrait y trouver un motif d'hésitation, il faudrait encore, dans ce cas, trouver un autre principe qui ait une importance égale à celui de l'unité du journal, et sur lequel le nouveau titre devrait s'appuyer; or, on le chercherait vainement; tout au moins, ne l'aperçoit-on nulle part dans la comptabilité.

Il n'existe donc réellement qu'un seul moyen de rétablir l'accord entre la loi et la pratique rationnelle de la comptabilité : modifier ou plutôt compléter l'article 8 et, pour le faire sans porter atteinte, même en apparence, à l'unité de principe qui a fait imposer le journal, démontrer, au préalable, que les écritures des mains courantes spéciales n'intéressent pas la synthèse.

Le législateur comprendra alors que la loi peut logiquement dispenser le commerçant de faire le report détaillé de ces écritures au journal. Une analyse succincte de chacun des éléments de la partie double y suffira amplement.

En effet, si l'on prend une main courante spéciale, celle des achats par exemple, on peut constater que les demi-écritures (crédits) qui y sont portées n'intéressent que le vendeur de chacun des achats; ce crédit n'a aucun rapport avec celui du vendeur qui le précède, pas plus qu'avec le crédit de celui qui le suit; il est isolé, et l'opération commerciale qu'il représente est une *affaire*. Cette remarque se trouve, d'ailleurs, corroborée par celle qui a été faite au commencement de cette étude : que l'on peut reporter directement d'une main courante spéciale les seuls comptes qui n'intéressent pas la partie double.

Dans l'écriture complémentaire qui est passée en partie double au journal, dans le débit du compte des marchandises qui y correspond, c'est tout à fait le contraire qui se produit, ce débit ne se distingue pas sensiblement de celui qui l'a précédé, il n'est pas différent de celui qui le suit, tous s'ajoutent les uns aux autres dans le compte de marchandises (ou dans celui de matières premières en cas de fabrication industrielle, ce qui, comptabliquement, revient au même).

Que l'on prenne une autre main courante spéciale, celle des ventes, on y trouvera les mêmes différences essentielles ; les débits remplaceront les crédits de la première, voilà tout.

Le débit d'un acheteur n'intéresse que lui seul, tandis que, dans le journal, le crédit correspondant du compte de marchandises est en relation étroite avec tous les autres de la même main courante.

Les achats sont des affaires préparatoires ; les ventes des affaires définitives.

Pour la maison et pour le compte de marchandises, un achat ou une vente n'est pas seulement *une affaire*, c'est aussi et avant tout une partie *des affaires* qui font l'objet de l'entreprise.

Autre chose, le compte de marchandises que concernent les mains courantes spéciales d'achats et de ventes est un compte général ; comme tel, il tend visiblement à la synthèse des écritures.

Bien plus, en groupant les opérations d'achats ou de ventes des mains courantes spéciales, pour ne faire qu'un seul article de chacune et pour créditer ou débiter en bloc le compte de marchandises dans le journal, on se trouve obligé de créer un compte collectif qui est nécessaire à la formule et à l'équilibre de la partie double, laquelle est absolument obligatoire dans le journal avec la mise en pratique des mains courantes spéciales. Or, les comptes collectifs se comportent dans la comptabilité exactement comme des comptes généraux ; non seulement ils tendent comme ceux-ci à la synthèse, mais ils la réalisent définitivement, et, sans leur intervention, elle ne pourrait pas s'obtenir.

En résumé, les demi-écritures des mains courantes spéciales appartenant exclusivement à la partie simple sont isolées entre elles ; elles ne peuvent concourir à la synthèse ni par cela même intéresser l'unité du principe qu'en se complétant par la partie double dans le journal.

D'autre part, si la partie double constitue, seule, une écriture complète ; si permettant la personnification de la valeur, elle rend le contrôle des chiffres plus visible, plus rationnel, plus complet même (car ce contrôle peut s'obtenir avec la partie simple), là s'arrêtent ses effets immédiats.

C'est seulement sa combinaison avec la partie simple (par l'emploi des mains courantes spéciales et la création de comptes collectifs) qui a enfin permis de réaliser la synthèse des écritures.

La loi donne bien actuellement au commerçant la faculté de faire usage de l'un ou de l'autre système d'écritures à son choix, mais elle l'empêche de les combiner, parce qu'elle ne permet pas le groupement des sommes autres que celles de ses dépenses personnelles. Or, cette combinaison étant indispensable à la réalisation de l'unité comptable qui est le principe de la loi, il faut dans l'intérêt même de cette unité rendre la combinaison légalement possible et, en bonne logique, inscrire dans l'article 8 la faculté pour le commerçant de ne reporter au journal que les seuls totaux ou sommes globales des mains courantes spéciales, et cela dans les mêmes délais que pour ses dépenses personnelles.

En outre, si l'on considère avec M. Glasson que les lois commerciales doivent avant tout consacrer *des principes féconds en conséquences,* on comprendra que, pour être rationnellement inscrite dans l'article 8, la faculté en question doit s'appuyer sur un de ces principes, que celui de la division du travail est tout indiqué et que les résultats économiques qu'on en obtient ont une importance trop grande pour ne pas justifier amplement la mesure.

Enfin, comme la comptabilité a pu être justement définie *la science de l'ordre dans les affaires,* on augmentera sensiblement la fécondité de la modification à introduire, si dans le libellé on peut viser le principe de la coordination des comptes.

Le tout est de rédiger la phrase de telle sorte que dans leur application *les* deux *principes* combinés *ne résistent jamais à l'équité.*

V

La modification nécessaire; autres modifications désirables, possibles. — Conclusion.

Le premier paragraphe de l'article 8, qu'il s'agit de compléter, se termine, sous forme de conclusion, par la phrase suivante :

« le tout *indépendamment* des autres livres usités dans le commerce, mais qui ne sont *pas indispensables.* »

Comme la conclusion doit être écartée pour rouvrir le paragraphe et qu'en outre elle n'a, en quelque sorte, été introduite qu'à défaut du mot comptabilité, lequel était inconnu alors, on reconnaît déjà qu'elle peut être entièrement supprimée, si l'on introduit dans le complément à rédiger le mot qui manquait au législateur de 1807. Mais la possibilité se change en nécessité lorsque l'on compare les deux termes soulignés *indépendamment* et *pas indispensables* qui se contredisent.

Le mot *indépendamment* indique en effet que les autres livres devront être tenus quand même, mais s'ils ne sont réellement *pas indispensables, indépendamment* était de trop.

Si donc à la place de la phrase finale on met celle-ci :

« Toutefois, lorsque, par application du principe de la division
« du travail à la comptabilité, des mains courantes spéciales ont
« été établies, le journal devient, pour cette partie des écritures
« spécialisées de premier jet, un livre d'écritures complémen-
« taires et coordinatives, dans lequel les totaux seulement des
« mains courantes spéciales sont reportés au moins tous les
« mois. »

On aura, par cette simple substitution, et pour toujours, rendu à la loi toute sa vitalité, toute sa force. Le principe des mains courantes spéciales étant seul indiqué dans le projet, la spécialisation qu'elles comportent ne saurait être limitée à tel ou tel cas dans son application pratique.

D'autre part, on sait que l'emploi des mains courantes spéciales entraîne le classement, en deux groupes coordonnés, des comptes personnels, classement qu'on se trouve obligé de respecter dans le journal pour les autres écritures non spécialisées de la main courante générale. Cette classification en entraîne une autre, celle des comptes généraux qui entrent en fonction avec les comptes personnels, et qui exige l'interversion de certains articles dans l'ordre de leur transcription de la main courante au journal. Le principe de coordination dont elles dérivent, se trouvant visé dans la modification, suffira pour empêcher que ces interventions puissent, dans certains cas, être condamnées par le juge civil.

Sans doute, ceci est un minimum, mais il est suffisant pour rétablir l'accord entre la loi et la pratique, et il n'altère en rien l'économie du Titre II, dont tous les articles peuvent être conservés.

Si l'on voulait aller plus loin, on pourrait donner aux écritures commerciales une plus grande sécurité en inscrivant, à la suite de la modification et dans le même paragraphe, l'obligation du contrôle des chiffres. Cette obligation ne peut être un empiètement, puisque le contrôle s'obtient, en partie simple, par la création au journal de deux colonnes additionnées : l'une pour le débit, l'autre pour le crédit.

La disposition pourrait être ainsi formulée :

« Dans tous les cas, pour qu'une comptabilité soit réputée
« régulière, il faut que le contrôle des chiffres puisse se dégager
« naturellement de la forme du journal et du simple jeu des écri-
« tures dans les autres livres. »

Le premier paragraphe de l'article 8 se trouverait alors ainsi conçu :

« Tout commerçant est tenu d'avoir un livre journal qui pré-
« sente, jour par jour, ses dettes actives et passives, les opérations
« de son commerce, ses négociations, acceptations ou endosse-
« ments d'effets, et généralement tout ce qu'il reçoit et paye, à
« quelque titre que ce soit, et qui énonce, mois par mois, les
« sommes employées à la dépense de sa maison. Toutefois,
« lorsque, par application de la division du travail à la compta-
« bilité, des mains courantes spéciales ont été établies, le journal,
« pour cette partie spécialisée des écritures de premier jet, devient
« un livre d'écritures complémentaires et coordinatives, dans
« lequel les totaux seulement des mains courantes spéciales sont
« reportés au moins tous les mois. Dans tous les cas, pour
« qu'une comptabilité soit réputée régulière, il faut que le contrôle
« des chiffres puisse se dégager naturellement de la forme du
« journal et du simple jeu des écritures dans les autres livres. »

Pour l'article 10, il serait bon de supprimer les six mots « *et*
« *visés une fois par année* », le visa annuel étant contraire au

principe du droit commun et, par conséquent, inapplicable, l'occasion qui se présente de le faire disparaître de la loi devrait, ce semble, être mise à profit, afin d'augmenter le respect qui est dû à celle-ci.

Par contre, l'article 12 gagnerait à être plus explicite; les pièces comptables et justificatives devraient y être mentionnées; on pourrait, dans ce but, le libeller comme suit : « Les livres de « commerce, régulièrement tenus, *et accompagnés des pièces comp-* « *tables et justificatives afférentes au litige,* peuvent être admis « par le juge pour faire preuve entre commerçants, pour faits de « commerce ».

La loi ne peut jamais être trop claire, et le commerçant doit savoir exactement tout ce qu'il est tenu de faire pour obtenir, devant les tribunaux le bénéfice de cet article.

S'il y a d'autres défectuosités, comme, par exemple, la rédaction un peu cacophonique de l'article 16, elles n'apportent aucune entrave aux affaires et se trouvent, par conséquent, en dehors de la question posée.

Si, à propos de la réforme des articles 8, 10 et 12, il convient de rechercher tout ce qui peut rehausser le prestige de la loi, c'est au juriste qu'il appartiendra de le faire et de le proposer. Mieux que tout autre, il connaît la valeur d'une loi qui a servi de modèle à presque toutes celles de l'Europe, dont, malgré quelques défauts, la France peut être fière, et à laquelle on ne doit toucher qu'avec le plus grand respect et la plus extrême réserve.

Il suffit au praticien d'avoir réussi à compléter le principe comptable de cette loi par l'adjonction du principe plus récemment connu de la division du travail et, dans sa pensée, de l'avoir fait en respectant scrupuleusement tous les principes essentiels du droit pour que sa tâche soit remplie.

POSTFACE

Ces lignes sont à peine écrites qu'une pétition demandant l'ouverture d'un concours pour l'enseignement de la comptabilité dans les écoles communales est présentée à l'auteur et son adhésion sollicitée. Voici les réflexions que ce projet lui suggère et qui l'empêchent de donner l'approbation qui lui est demandée par un ami, et que trois mois auparavant il n'eût peut-être pas hésité à accorder.

Dans les écoles de la Ville, comme dans toutes les écoles publiques et les lycées, l'enseignement est officiel; comme tel, il doit scrupuleusement se conformer à la loi. Or, on vient de voir que la loi sur la comptabilité est inexécutable. Ce que l'on enseignera dans les écoles restera donc nécessairement impraticable aussi longtemps que la loi n'aura pas été changée, et les programmes modifiés en conséquence.

Même dans l'enseignement libre, dans les cours du soir organisés avec tant de zèle par les sociétés, le professeur, après avoir démontré les principes élémentaires de la comptabilité, est obligé d'indiquer à ses élèves, non pas comment la loi peut être observée, c'est impossible, mais comment elle peut être tournée lorsqu'on n'a pas le pouvoir de la violer ouvertement. La situation faite à tous par une loi trop étroite est aussi mauvaise, sinon plus, pour l'enseignement que pour la pratique. Si économiquement l'exécution de la loi augmente abusivement le prix de revient, si prenant au comptable un temps qu'il ne peut plus employer utilement, elle empêche le progrès, au point de vue moral il est désastreux pour le professeur d'enseigner la non-exécution de la loi, au point de vue juridique il est plus mauvais encore de constater qu'elle empêche l'honnête commerçant de se défendre contre la mauvaise foi d'un correspondant sans scrupule.

A tous les points de vue, la modification de l'article 8 s'impose donc avec une égale force.

Aucune réforme n'est plus urgente.

Et si le législateur veut bien l'étudier à son tour, il reconnaîtra sans peine la nécessité de la réaliser à bref délai.

1966. — Paris. — Imprimerie Vᵉ Ethiou Pérou et Fils, rue de Damiette, 2 et 4.